Inhalt

Wirtschaftliche Konvergenz osteuropäischer EU-Beitrittskandidaten

Kernthesen

Beitrag

Fallbeispiele

Weiterführende Literatur

Impressum

Wirtschaftliche Konvergenz osteuropäischer EU-Beitrittskandidaten

M.Sydow

Kernthesen

- Kurz vor der Entscheidung über den Beitritt in die Europäische Union 2004 im Herbst diesen Jahres konkurrieren die Beitrittskandidaten weiter um die Rangfolge. (1), (4), (13), (16)
- Die strikte Einhaltung der Konvergenzrichtlinien nach dem Maastrichter Abkommen im Zuge der Ost-Erweiterung wird in Frage gestellt. (14), (15)
- Ein übereilter Beitritt ehemaliger Ost-Block

Länder kann mögliche Wachstumschancen und somit deren wirtschaftliche Angleichung an den Euro-Raum behindern. (2), (14)

Beitrag

Die im Herbst diesen Jahres anstehende Entscheidung zur Erweiterung der Europäischen Union (EU) wird von den zwölf potentiellen Beitrittskandidaten der ersten Erweiterungsrunde sehnlichst erwartet. In Mittel- und Osteuropa zählen dazu Polen, Ungarn, die Tschechische Republik, Estland, Slowenien und Zypern (die ehemalige Luxemburg-Gruppe) sowie die Slowakei, Rumänien, Bulgarien, Lettland, Litauen und Malta (die ehemalige Helsinki-Gruppe). Entscheidend für den Beitritt ist deren makroökonomische Entwicklung, d. h. die Kriterien des Maastrichter Vertrages müssen erfüllt und der Konvergenzprozess weitestgehend abgeschlossen sein. (7), (18)

Maastrichter Konvergenz-Richtlinien

-Budgetdefizit von maximal drei Prozent des

Bruttoinlandsproduktes (BIP)
-Staatsverschuldung von maximal 60 % des BIP
-Inflationsrate höchstens 1,5 Prozentpunkte über dem Schnitt der drei Euro-Länder mit der niedrigsten Inflationsrate
-Zinsabweichungen in Höhe von zwei Prozent gegenüber der Eurozone werden toleriert (7), (14)

Voraussetzungen

Eine ausreichende Deregulierung, funktionierender Wettbewerb und Verwaltungsstrukturen sowie unabhängige Zentralbanken sind für die langfristige Einhaltung der Konvergenzkriterien entscheidend. (15)

Für Investitionen und Akquisitionen in Mittel- und Osteuropa ist jedoch neben dem demokratischen Fortschritt auch eine Angleichung der Rechtssysteme und der Rechtssicherheit an das der EU notwendig. (10)

Europäische Währungsunion

Der Beitritt eines Kandidaten zur EU ist von einem

Beitritt zum Europäischem Währungssystem (EWS) unabhängig. Dieser kann frühestens nach einer Überwachungsfrist von zwei Jahren erfolgen oder auch länger hinausgezögert werden, wenn die makroökonomische Lage und die Wechselkursstabilität des Beitrittslandes noch nicht an den Euro-Raum angeglichen sind.

In diesem Punkt trennen sich jedoch die Meinungen der EU-Länder und der EU-Kandidaten. Wenn Portugal, Spanien und Griechenland, welche die Maastricht-Kriterien bei Eintritt in die EWS nicht erfüllt hatten und zudem schlechter als mancher der derzeit führenden Kandidaten abschnitten, müsse gleiches Recht in der jetzigen Beitrittsrunde gelten. Gerade weil die Maastricht-Kriterien nicht auf Staaten mit ehemaliger Staatswirtschaft und somit geringer Gesamtverschuldung ausgerichtet waren.

Vorteile

Die Euro-Einführung in den Kandidatenländern hätte auf jeden Fall mehr Transparenz durch direkte Preisvergleiche und somit mehr Wettbewerb zur Folge. [7]

Vorzüge eines zügigen Beitritts der EU-Kandidaten

stellen niedrige Risikoaufschläge auf den internationalen Währungsmärkten und eine Reduktion der Transaktionskosten dar. (11), (14)

Die Kosten der Konvergenzpolitik und des Euro-Beitritts sowohl kurzfristig als auch langfristig sind im Vergleich zu den enormen Wachstumspotentialen und im Hinblick auf deren Anteil am EU-BIP eher zu vernachlässigen. (15)

Vorbehalte

Kritisch gesehen wird vor allem das Kriterium der Inflationsrate. Da die Beitrittskandidaten sich in einer Phase der Umstrukturierung befinden, müssen deren Preise von Dienstleistungen und auch staatlichen Leistungen an das EU-Niveau angepasst werden. Dafür ist allerdings ein dementsprechendes Wachstum notwendig, welches nicht mit einer niedrigen Inflationsrate einhergehen kann. (7), (14), (15)

Zudem dauert es eine gewisse Zeit, bis sich die Veränderungen der Produktivität und der Wechselkurs eingependelt haben. Daher darf der Konvergenzprozess nicht zu schnell vorangetrieben werden, weil sonst Wachstumschancen vergeben werden. (2), (14)

Anlass zur Sorge gibt ebenso die Koordination einer möglichen Erweiterung um zehn weitere Länder. Politische Entscheidungen würden zunehmend erschwert werden. Im Falle einer Erweiterung bedarf es auf jeden Fall einer institutionellen Reform der bisherigen EU-Strukturen.

Schließlich stellt auch die Konkurrenz durch die Staaten Mittel- und Osteuropas einen wesentlichen Vorbehalt dar. Die Zerstörung von Arbeitsplätzen durch Niedriglöhne ist ein zentraler Kritikpunkt und gleichzeitig auch ein Trugschluss, da der wirtschaftlich stärkere Staat durch mehr Exporte im Vergleich zu den Importen gegenüber der schwächeren Region einen enormen Handelsüberschuss erreichen kann. Diese Überschüsse im Handel kompensieren durch Schaffung neuer Arbeitsplätze den Verlust anderer Arbeitsplätze aufgrund von Produktionsverlagerungen.

Fallbeispiele

Aufgrund der hitzigen Diskussion über die Gültigkeit der Benes-Dekrete ist die Tschechische Republik von ihrem Platz in der Spitzengruppe der Länder, die mit Wahrscheinlichkeit 2004 in die EU aufgenommen werden, verdrängt worden. Grund dafür ist die Diskussion über die moralische und weniger die ökonomische Reife des Landes. In Deutschland wird Tschechien trotzdem immer noch als einer der entscheidenden Kandidaten gehandelt, insbesondere deswegen, weil die realwirtschaftliche Integration des Landes in die Europäische Union nahezu vollendet ist. Von Seiten der EU und dem Internationalen Währungsfonds werden jedoch das hohe Haushaltsdefizit sowie die nicht abgeschlossenen Sozialreformen kritisch gesehen. (4), (16)

Eine Konvergenzstudie der DGZ Deka Bank bestätigte ebenfalls, dass Slowenien, Ungarn und Estland die Tschechische Republik als Spitzenreiter innerhalb der Beitrittskandidaten abgelöst haben. In den nächsten zwölf Monaten ist in Polen, welches sich seit dem letzten Jahr in einer schweren wirtschaftlichen Krise befindet, mit keinen Fortschritten hinsichtlich des Konvergenzprozesses zu rechnen. Lettland, Litauen und die Slowakische Republik weisen diesbezüglich ebenfalls erhebliche Defizite auf. (1)

Polens Vorhaben, die politische Unabhängigkeit der

polnischen Zentralbank einzuschränken und der Regierung künftig die Wechselkurspolitik zu überlassen, ist auf Seiten des Rates der Europäischen Zentralbank auf große Kritik gestoßen. (3)

Der Wahlerfolg der Sozialisten in Ungarn und die daraufhin erfolgte Mitte-Links-Koalition geben Anlass zu einer Fortführung der bisherigen marktwirtschaftlichen Reformen, welche bereits in deren letzter Amtszeit von 1994 bis 1998 eingeleitet wurden. Ungarn gilt derzeit sowohl hinsichtlich seiner marktwirtschaftlichen Transformation als auch in Bezug auf sein reales Wirtschaftswachstum als Paradebeispiel der EU-Beitrittskandidaten. Sozialpolitische Reformen wie Kindergeld, Gesundheitsreform und Rentensystem stehen jedoch unter dem Druck der Maastrichter Vorgaben bezüglich der Haushaltspolitik. (13)

Ein Umfrage des Consulting-Unternehmens Czipin & Proudfoot ergab eine insgesamt positive Einschätzung der EU-Osterweiterung. Deutsche Manager erhoffen sich Vorteile für ihre Unternehmen. (8)

Weiterführende Literatur

(1) Slowenien, Ungarn und Estland führen den

Wettlauf um den EU-Beitritt an
aus Frankfurter Allgemeine Zeitung, 06.06.2002, Nr. 128, S. 14

(2) Konvergenz schreitet zu schnell voran
aus Frankfurter Allgemeine Zeitung, 05.03.2002, Nr. 54, S. 18

(3) EZB-Ratsmitglied Welteke warnt Polen
aus Frankfurter Allgemeine Zeitung, 27.05.2002, Nr. 120, S. 13

(4) Tschechiens Problem mit der Währungsblase /Zdenek Tuma spuckt nicht in den Wind
aus Neue Zürcher Zeitung, 11.05.2002, S. 21

(5) Fondsmanager setzen auf Konvergenzländer
aus Frankfurter Allgemeine Zeitung, 04.04.2002, Nr. 78, S. 26

(6) Frey, Hanspeter, Konvergenzchancen in Osteuropa, Finanz und Wirtschaft, 17.04.2002, S. 37
aus Frankfurter Allgemeine Zeitung, 04.04.2002, Nr. 78, S. 26

(7) Radwan, Alexander, Perspektiven der Wirtschafts- und Währungsunion, Sparkasse, 03/2002, S. 116
aus Frankfurter Allgemeine Zeitung, 04.04.2002, Nr. 78, S. 26

(8) EU-Osterweiterung: Positive Signale aus den Führungsetagen, Der EU-Beitritt ist für die Manager das Sahnehäubchen, Industrieanzeiger, Heft 20, 2002,

S. 34
aus Frankfurter Allgemeine Zeitung, 04.04.2002, Nr. 78, S. 26

(9) Entwarnung für Konjunktur der Reformstaaten
Trendwechsel auf den Währungsmärkten ist zum Teil auf bevorstehende Urnengänge zurückzuführen
aus WirtschaftsBlatt, 24.05.2002, Nr. 1628, S. A16

(10) "EU-Recht ist eine Herausforderung" Weiss-Tessbach: Ostmärkte wachsen signifikant
aus WirtschaftsBlatt, 21.06.2002, Nr. 1647, S. A26

(11) Entscheidende Phase für EU-Erweiterung RZB feiert 75. Geburtstag mit einem Forum über die EU-Erweiterung
aus WirtschaftsBlatt, 11.06.2002, Nr. 1639, S. A7

(12) Kooperation - eine Investition in die Zukunft
aus Die SparkassenZeitung, 05.04.2002, Nr. 14, S. 3

(13) Ungarn: Mitte-Links kein Schreckgespenst für die Wirtschaft
aus Die SparkassenZeitung, 26.04.2002, Nr. 17, S. 5

(14) Wann macht sich Euro für den Osten bezahlt?
Euro-Anwärter müssen Maastricht-Kriterien erfüllen
aus WirtschaftsBlatt, 21.06.2002, Nr. 1647, S. A27

(15) Her mit dem Euro, so schnell wie möglich!
aus Frankfurter Allgemeine Sonntagszeitung, 09.06.2002, Nr. 23, S. 36

(16) Die Tschechische Republik lahmt auf dem Weg in die Europäische Union
aus Frankfurter Allgemeine Zeitung, 10.06.2002, Nr. 131, S. 16

(17) Die Beitrittsphantasie im ehemaligen Ostblock weitet sich aus
aus Frankfurter Allgemeine Zeitung, 23.05.2002, Nr. 117, S. 27

(18) www.auswaertiges-amt.de
aus Frankfurter Allgemeine Zeitung, 23.05.2002, Nr. 117, S. 27

Impressum

Wirtschaftliche Konvergenz osteuropäischer EU-Beitrittskandidaten

Bibliografische Information der deutschen Nationalbibliothek

Die Deutsche Nationalbibliothek verzeichnet diese Publikation in der deutschen Nationalbibliografie; detaillierte bibliografische Daten sind im Internet über http://dnb.d-nb.de abrufbar.

ISBN: 978-3-7379-1578-6

© 2015 GBI-Genios Deutsche Wirtschaftsdatenbank GmbH, Freischützstraße 96, 81927 München, www.genios.de

Alle Rechte vorbehalten. Dieses Werk ist einschließlich aller seiner Teile – z.B. Texte, Tabellen und Grafiken - urheberrechtlich geschützt. Jede Verwertung außerhalb der Grenzen des Urheberrechtsgesetzes bedarf der vorherigen Zustimmung des Verlags. Dies gilt insbesondere auch für auszugsweise Nachdrucke, fotomechanische

Vervielfältigungen (Fotokopie/Mikroskopie), Übersetzungen, Auswertungen durch Datenbanken oder ähnliche Einrichtungen und die Einspeicherung und Verarbeitung in elektronischen Systemen.